Hetkiä elämästä...

Juhankoru

Runovihko

Runoni kertovat rakkaudesta, luonnosta,

elämästä suruineen ja iloineen, herkällä ja tunteikkaalla tavalla.

Huumoria kuitenkaan unohtamatta...

Ne ovat herkkää kuvausta eletyistä hetkistä joita elämä on

minulle suonut, pieninä palasina tielleni ripoitellut.

Joskus on meno ollut hieman himmeämpääkin.

Elämä kuitenkin jatkuu ja aurinko nousee vaikka itse et aina jaksaisi.

Pilviverho ohenee, askel kevenee ja aina lopulta Rakkaus voittaa...

Toivon sinulle nautinnollisia lukuhetkiä.

Juha Vepsäläinen

Juha Vepsäläinen

Hetkiä elämästä...

Kustantaja: BoD - Books on Demand, Helsinki, Suomi

Valmistaja: BoD - Books on Demand, Norderstedt, Saksa

ISBN: 978-952-80-2360-9

Tanssi Rakkaudelle

Kiedot kätesi ympärilleni tuulen lailla,

hellit ja hyväilet minua niin kuin minäkin sinua.

Tunnen kehosi lämmön ja nautin siitä.

Pidä kiinni minusta rakas,

sillä sisälläni kuohuu tuo tunteiden virta.

On kuin nuoruuden tuulet kuljettaisi meitä.

Tämä paikka on täynnä,

me emme silti näe ketään.

Suudelmat hellät vain sinä ja minä,

jää kaikki muu unholaan.

Varret yhteen painuu huulet huulia hamuaa,

en loppuvan tämän tahdo milloinkaan.

Jospa tämä ihana yö ei päivälle koskaan kättä lyö.

Sinä

Valoa ja varjoa, iloa ja surua, hiiltyneitä muistoja, sitäkin se on.

Ovien pauketta, aikaisia aamuja, helliä sanoja, niitäkin on.

Iloisen vapaana, aatosten saartama, luonnosta nauttiva, sinä se oot.

Lämpöä ja rakkautta, tunteita ja tuoksuja, kesäöiden valoa,

sitähän se on.

Kätesi kosketus, hymysi häivähdys, tuulen henkäys, sellaista se on.

Silmäsi loistavat, huulesi kosteat, äänesi naurava, sitä sä oot.

Lähellä minua, vartalon viivoja, tunteiden paloa, sitä se on.

Häivähdys sinusta, kehosi kaaresta, rakkauden aarteita, niitä ne on.

Tunteiden virrassa, rakkautta rinnassa, huulet vain hamuaa,

rakkauden satamaa.

Rakkautta ja iloa, kauniita sanoja, auringon valoa, sitä sä oot.

Henkien hoitaja, unissa kulkija, rakastaan kaipaava, sitä mä oon.

Onni

Ole onnellinen jos onni kulkee mukanasi, muista arvostaa sitä.

Älä luovuta jos elämä koettelee jaksamistasi...

Nouse ylös vaikka unelmasi olisivat juuri nyt karanneet

tavoittamattomiin...

Usko siihen että lopulta kuitenkin tulee se päivä

kun ilo palaa elämääsi...

Aikansa se kestää, aikansa se ottaa, mutta mikään ei voi sitä estää.

Onni on jotain mitä et voi ostaa tai varastaa, se on hymy, hellä kosketus,

huolenpito ja lohdutus, iltojen suukko ja aamujen huomen.

Se on yhdessä vaneneminen ja rakkaistaan huolehtiminen.

Onni on pieniä hetkiä arjen harmaudessa,

onni on ilon pilkahdus rakkaasi silmissä...

Katseet

Katseet kohtaavat vain hetken verran.

Tunne on voimakas sisällämme kuohuu.

Posket kuumottavat ja kylmät väreet kulkevat selkää pitkin.

Välillämme on tuo outo yhteys, joka ei tarvitse sanoja.

Vain katse riittää sanomaan sinulle kaikki kauniit sanat,

kertomaan sinulle kuinka paljon sinua rakastan.

Rakas

Lämpösi tunnen tuoksusi myös,

vierelläs kun oon nää tuhannet yöt.

Siivilläs sinistä harsoa hohtaa, jos lasket sen alas

se pimeyden kohtaa.

Sun kehosi piirtää tuon häilyvän viivan,

oon vierelläs hiljaa tään lumotun illan.

Aamulla hämärä helmansa nostaa,

pian se auringon matkallaan kohtaa.

Niin lähtee maasta tuo unien usva

kuin metsästä satujen lumotusta.

Pian ulkona säteet jo auringon loistaa,

sun hymysi silmistäin väsymyksen poistaa.

Lämpimän suudelman huulilles painan,

sä kosketat mua, oi kunpa näin ois aina.

Kiitos näistä hetkistä

Jos sisälläsi rakkaus kuohuu on turha ankkuria heittää, virta vie jo sinua.

Jos sydämesi hakkaa, jos kätesi tärisee, mitä se on?

Kuuntele hiljaa kuuluuko laineiden liplatus,

kuuluuko kosken kohina, sitä se on.

Olen se hohtava lamppu, viipyvä varjo aina lähelläsi,

usein aivan kiinni sinussa.

Ota minut syliisi lämpimään kun vilusta värisen pimeässä yössä.

Elämässä on niin vähän herkkyyttä hellyyttä ja kauneutta.

Kiitos että olet olemassa.

Kiitos näistä tunteista, näistä hetkistä.

En unohda sinua, rakkaani.

SuojelusEnkeli

Enkeliriipus on kotisi täällä,

siipes sininen hetki, sydän puna tuo taivaan.

Liikut tuulien mukana, kuulen siipesi havinan,

hento kosketus poskellani, tiedän olet täällä.

Taivaanranta tulessa, kuiskaat hämärän hetkellä.

Vain häivähdys, sinä katoat iltaruskoon.

Elämän kauneus asuu sinussa,

huudan perääsi ääntäni vailla!

Kuiskaus tuulessa, olen Enkeliriipus, pidä minua,

olen elämä, niin kuin sinäkin olet minulle Rakkaani.

Unelmia

Läpi pimeän yön kuuluu äänetön kutsu.

Siellä kaukana rakkaani oottaa ja valvoo.

Kiipeän torniin haaveiden linnan,

siivin joutsenen lennän läpi pimeän illan.

Kuuletko rakkaani kun ääneni soi,

sateen tihkuna kyyneleet kasvos kastella voi.

Häivähdys sinusta on kaikki mitä nään,

kun kaarran takaisin yöhön pimeään.

Ilma on kylmä mun palata täytyy,

pimeään yöhön mun ääneni häipyy.

Et enää siipeni iskuja kuulla sä voi,

vain tuulen humina sun korvissas soi.

Oon mennyt mä pois...

Elämää...

Sielumme syövereissä on päättymätön tie.

Tunteiden mutkat täynnä tunteiden tuskaa.

Ilo ja autuus tulee niittyjen takaa.

Täällä viha ja rakkaus vierekkäin makaa.

Valitse siitä ja yksi ei riitä,

saat ilon ja surun saat hyvän ja pahan.

Voisi elämä paremmin lahjansa jakaa,

sä huokailet hiljaa surun takaa.

Tunsithan sinäkin rakkauden kuuman,

jospa kanssasi vielä tuntisin tuon huuman...

Taikojen maa

On kohta pimeää mä kaipaan tuvan lämpimään

pois täältä märältä suolta aivien luota.

On mulla edessä Ylläs ja takana maa

jonka tuhansin kivin peitellä saa.

Kuljen alla taivahan tulen tämän taikojen maan

jota yöllä yksin mä katsella saan.

Näen sielusi peilin läpi hämärän hunnun

kun verhoudut taikojen seittiin.

Uusi aamu sun kasvosi kullata saa

mä vielä unessa oon tään taikojen maan.

Puiset kengät

On kengissäs puista pohjaa tämän jäisen maan,

ja elämän virta sua kuljettaa.

On seurassasi muita hymyileviä suita,

kannustus kepeän käden joskus olkaasi painaa.

Sinun puiset kengät kopisee tämän elämän lasi rappusilla,

jotka valoa taittaa myös pimeän aikaan.

Niin kuluvat vuodet harmaita hiuksia tuoden,

sinun veresi vuotaa tätä turhuutta luoden.

Kaikuna äänesi metsästä kaikaa,

samoilla sanoilla se tuskin vastata taitaa.

On ylhäällä liukasta ja aina tuulee,

ja jotkut joita ystäviksi luulee,

päänsä kääntää tuohon varjojen virtaan.

Silti sun askelees kaikaa ja jaksat sä vaan,

yli varjojen virran vaeltaa...

Yön hiljaisuus

Syksyn satoa on tippuvat lehdet,

kuuralla kuorrutettu kivinen maa.

Kylmässä tuulessa seisot sä hiljaa,

katsellen tähtiä taivaan.

Kasvojas vilvoittaa viileä tuuli,

kun ääniä yön sä kuuntelet hiljaa.

Mielen lepoa, päivän töistä vain kalpea haamu.

Äänetön metsä ääniä kerää,

ja syliisi heittää tuon mustan kerän,

on koirasi kotona taas.

Aurinko unien usvat aamulla kerää,

työntäen kylmyyden pimeyden perään, unien maille.

Kun unesta aamulla herätä saat,

on ylläsi purppuraa ja alla valkoinen maa.

Rannerengas

Rannerengas pohjoisen luusta.

Sinussa kahden ihmisen elämä yhteen kietoutuu.

Olet mies, olet nainen, valo ja varjo.

Elämän virta vie meitä mukanaan, se muuttaa muotoaan,

uutta rakentaa ja vanhan unohtaa.

Nuo kaksi luista palaa vaan,

pysyy yhä tiukasti kiinni toisissaan.

Ne toisistaan jos erottaa, ei pala kumpikaan

voi kehää yksin muodostaa.

Yhdessä ne matkaavat, samaa tietä kulkevat,

samat hetket kokevat.

Oot rannerengas kuitenkin, sut luusta tein ja koristin.

Rakkaudesta tietenkin, palat yhteen yhdistin.

Olet mies, olet nainen, olet valo ja varjo.

Olet kaihtimen kaari, rannerengas pohjoisen luusta.

Pieniä hetkiä

Täällä erämaakaupungin sydänmailla ollaan suorituspaineita vailla.

Ei oo mitään töitä meillä oman elämämme sankareilla.

Viroon ja Kiinaan vaan työpaikkojamme rahdataan.

Lisää puita pesään paan, sitten Mäyräkoiraa saunalle taluttamaan.

Onneksi se tottelee vielä, mukana pysyy ja helppo on viedä,

terassin viileään varjoon.

Saunan kosteat löylyt hyväilee ja kylmä olut kehoa ravitsee.

Metsissä, vaaroilla, soilla, näillä elämämme kukkuloilla.

Pieni kierros mutkaista tietä, onnen hetkiä ja hyvää mieltä.

Taivaanrannassa hehkuu punainen kulta, puiden oksille hiljalleen

sataa harsoista lunta.

On kaikki niin hiljaa paikalllaan, yön syliin tummuvaan

päivän valo jo haluaa silmänsä ummistaa.

Pieniä hetkiä näillä erämaakaupungin sydänmailla.

Intiaani

Elämä vailla omaa tahtoa ja omaa mieltä on muiden
elämää, sielutonta sukellusta turhuuden herhiläispesään.
Keinun porukan mukana mutta tanssin oman tanssini,
annan tunteen viedä minut mukanaan.
Elämäntapa intiaanit asuttavat näitä rajaseutuja,
tuntureilla puhaltavat vapaat tuulet.
Täällä kasvaa sotureita.
Elanto on niukkaa mutta elämä rikasta,
ajan mittana vain päivä ja yö, kesä ja talvi.
Kahlaan haaroja myöten hangessa saadakseni polttopuita
Wigwamiini.
Joskus kun tuliliemi on oudolla tavalla lääkepullostani
haihtunut, on aika laukata täplikkäällä ponillani
valkonaamojen asuinsijoille,
mutta vain käymään ei olemaan.
Kaukana on joo joo miesten elämä,
ruskeat kielet ja ilkeät mielet.

Lentoon lähdössä

Olen muuttolintu, kulkija taivaan.

Matkaan valon vaatteissa, riipun reunassa hämärän.

Kukkaniittyjen tuoksuun pienen pesäni rakennan.

Täällä kulkija taivaan laulaa onnen lauluaan.

Kesän hetket kauniit otan matkaani tuulien teille.

Kun syksy maalaa lehdet väreillään, käy katseeni taivaanrantaan.

Viileä tuuli viestiään kuiskaa, yö usvineen jo vaeltaa.

On aika lähteä lentoon, aika tavoitella taivaita, tarttua tuulen reunaan,

antaa siipieni kantaa.

Olen muuttolintu lentooni lähdössä.

Nyt on syksy, pimeä syksy

Nyt on syksy pimeä syksy tuuli kylmästi puhaltaa.

Karistaa myrsky heikkoa rankaa ja lehdet viimeiset putoaa.

Minäkö turhaan itkisin tätä tuulista ihanaa ilmaa.

Kaikesta tästäkö kärsisin nythän syksyn tuulista nauttia saa.

Olen syksyn lapsi syksyllä syntynyt,

kylmän kasvatti vailla lämmintä villaa.

Tartu mun käteen mä vien sinut uniin ja maailman tuuliin sut kuljetan.

Kylmä on poissa ja silmissä noissa on maailman kaikki tähdet ja kuu.

Takkini paksun nahkaisen kaapista niskaani nakkaan.

Pipoko päähän tähän komeaan, jossa hiukset vain takana kasvaa.

Lähdethän kanssani katsomaan syksyn ihanaa pimeää iltaa.

On voimani noissa tuulissa joissa on viileys pohjoisen tunturin.

Tartu mun käteen mä vien sinut uniin ja maailman tuuliin sut kuljetan.

Kylmä on poissa ja silmissä noissa on maailman kaikki tähdet ja kuu.

Painuu kenkäni maahan kuuraiseen, taivaalta lunta jo satelee.

Ota mut otteeseesi tiukkaan ja lämpimään,

tule mun sydämeeni anna rakkautes lämmittää.

Sinä oot mun ja minä vain sun on ihanaa rakkautta tää.

Ei haittaa vaikka on syksy pimeä syksy ja lehdet viimeiset putoaa.

Syksyn aikaa

Syksy minut herättää tästä ikuisen elämän unesta,

tarttuen karheaan käteeni, kuiskaten korvaani, taas vuosi on mennyt.

Kuin kiusallaan se värjää maiseman kauniilla väreillään,

joen viedessä kesän elämää mennessään,

hitaasti virraten matkallaan keinuen.

On minulla silmät nähdä luontosi loisto,

juonteiset kasvot tuntea kostea tuuli,

joka minua hereille ravistaa elämään elämää, nyt kun on vielä aikaa...

Olen syksyn lapsi, vapaaksi syntynyt luontosi lehti.

Voin vain nöyränä katsella sinua ja elämän iloa taivaasi alla.

Talven sydän

Onko talven sydän peittojen alla, vai ulkona kylmässä taivasalla?

Viiltävä viima ja valoa vähän, oispa auringon kajoa

sydäntalveen tähän.

Äänet kovina kantaa läpi hyisen ilman,

puut paikallaan seisoo ja häipyy sineen illan.

Ne halkeilee ulkona kylmissään, isot metallilinnut lentää etelään

niin kova paukahdus perässään.

Hiljainen on talvinen asfalttitie ei matkalla ihmiset

minnekkään lie, voi kylmetä kuuminkin sydän.

Jäässä on joet vaan alla jään vesi virtaa ja on kylmissään

vain kantajan kastunut käsi.

Tuli lämmittää ja pian vesi on kuumaa se karkoittaa kylmän

ja meidät huumaa, vie kuistille kylmään istumaan.

Tuo kuuma sauna on meille nautinnon paikka, lepo, puhtaus,

rauha ja kirkkokin vaikka, siellä kehomme levätä saa.

Hangen nietokset ja tuttu taivaan raja,

lämpö, rakkaus ja oma pieni maja, niissä talvenkin sydän on.

Se on peittojen alla, se on taivasalla, siellä se talven sydän on.

Entinen nuori

On niin kiva olla nuori kun on sykkivä sydän, kunto on kova

ja pikkasen hyvä olen intervalli treenejä vetämään.

Maastojuoksuu vielä sitten rinnettä ylös, portaita perään

vieläkö mä herään?

Jättiläinen välillä ja kääpiö myös, kyykkyhypyt ilmaan

sitten loikkimista yös.

Lenkkikengät kuluu ja suksikin kulkee, muistikirjaan kaikki,

kun sen kannet sulkee niin pienen hetken levätä saa.

Metsäpolun lenkki kaiken kruunata voi, lennokas askel ja puissa soi.

Nuo hiihdot ja juoksut sekä palautus niistä on iso osa mun

nuoruuden elämää.

On niin kiva olla vanha kun on sykkivä sydän, eikä kuntokaan oo huono

ja pikkasen hyvä oon sahan kanssa metsässä pörräämään.

Juoksu vaihtuu kävelyksi hiihto taittuu vielä, muut loikkimiset onkin

raivauselämää.

Maata pitkin kävelen ja tikapuita ylös, ilman halki lentelen

alas vaan ja ylös, mut maahan tulo se tekee kipeää.

Palautusta nyt on mulle paiste auringon, raikkaat juomat terassilla,

kasvu taimikon.

Vesiperhonen

Kuljet kuohuissa kosken,

matkaat pohjassa veden tyvenen.

Kattona sulla on kiviä kosken,

pohjan kaislat peitteesi olla saa.

Olet kulkija tuo joka pohjia matkaa,

vielä lentoon sä nouset jatkamaan matkaa.

Tullessa yöttömän yön alkaa matkasi suurin,

on aikasi tuulien maahan taivaltaa.

Älä emmi enää jo matkasi alkaa,

tuo vaaroilla valeltu siivetön lento.

Märät siipesi kuivattaa pohjoinen tuuli,

lämpö auringon lentoon sua kiiruhtaa.

Virrassa välkkyvät koskien kuohut,

sade siivilles kyyneleet vuodattaa.

On niin vaappuvaa lentosi virtojen päällä, tuuli huokaa hiljaa,

ehkä tyynellä säällä se huolensa heittää saa.

Matkaat tuulien lailla, annat virtojen viedä,

nautit hetkestä tästä, elämästä.

Vaikka kulkijaa muuta en kairalla nää,

vesiperhonen poskellain viivähtää.

Metsänomistajan onnea

On se niin mukavaa kun koivut huojuu ja hongat humajaa.

Hikipisarat kypärän lipasta tippuu kun raivaan metsämme lattiaa.

Ei lopu metsä vaikka taittuu taimet sahan nälkäiseen kitaan.

Pian taukoa huutaa jo raivaajan vatsa, vaimo taustalta säestää.

Väsynein askelin laavua kohti raivaajat raahustaa.

Märkä haarniska narulle ruostumaan, jää vaarojen tuulet sitä

hoivaamaan, kuivaamaan raatajan nahkaa.

Rakas pyörii, hyörii, ja tulta se lietsoo pian kipinät sinkoaa.

Kohta kiehuu kahvi maistuu makoisat leivät, taustalla liekit jo leimuaa.

Hymyillen hiljaa, nautinnon hetkiä, tulen lämpöä ja rakkauden retkiä.

Lisää bensaa tankkiin mä kaadan ja teroitan tylsyneen terän.

Menoksi sitten kohti taistojen tannerta, tuota taimien täyttämää maata.

Rakas sahan jälkiä siivoaa ja tuon kohtalon nipun pudottaa,

maan poven viileään painaumaan.

Ravitse maata maadu sinne ole avuksi taimille varttuville,

kun itse oot jo mennyttä viljaa.

Hiki virtaa, taimikko taittuu, päivät vaihtuu ja ukko laihtuu,

mutta vielä ei väsy raivaajan käsi.

Rakkaani kanssa kahdestaan katsomme kaunista maisemaa,

vahvojen kättemme töitä.

Juomat läikkyy ja tavoitteet täyttyy, pian alkaa loppu jo häämöttää.

Niin pysähtyy nälkäinen sahanterä, on olo väsynyt jäänyt on paras terä

varjoihin varvikon.

On niin mukava katsoa kättemme töitä, tuota metsän huojuvaa viljaa.

On se niin mukavaa kun koivut huojuu ja hongat humajaa.

Valinnan vaikeus, tarttisko tota?

Osta sitä osta tätä, vaihda nuo ja korjaa vähä.

Mennään sinne tullaan tänne kireä on aikajänne.

Valinta on vaikeaa, ei aina tiedä mitä haluaa.

Jos otat tuon niin et saa tuota, jätä se pois ja siihen luota

et kaikkea mukaasi saa.

Tarviinko noita, niitähän on paljon, ottaisko pari ja niinhän se on

että aika sen tavaran kaupittaa.

Mitähän noi on, katoppa vähän, ottasko ton ja liittäs sen tähän.

Onneksi tultiin alennusmyyntiin, onnenpyörä löydettiin

ja pantiin se kyytiin, miten ihmeessä joku pärjää ilman tätä?

Vielähän tuolla on alennus laarii, puoli ilmaiset tuotteet

ja mummoi ja vaarii.

Ne pohjia myöten penkoo aarteiden arkun, siell on kaikille jotain,

tai ainakin siell on paljon uskomattoman halpaa tavaraa.

Ruuveja tarttee ihminen aina, jos vaikka korjaat taloa
tai rakennat aidan.
Pikkusen tarttee pultteja kans, on kaikki vehkeet tulleet vähän
vanhemmaks.

Siihen syöksyy vielä se liittymän myyjä, hyvä tarjous on eikä paljon
se pyydä, me pitkin askelin loikimme karkuun.

Rätti osaston kautta pilleri hyllyyn, luontaistuotteita kärryyn,
sitten rahotus myllyyn.

Kassa hymyilee kauniisti ja tavarat lappaa,
tiskin perälle sieltä ne kyytiin nappaan.
Pussiin muoviseen painuu elämän aarteet,
kauppaa seuraavaa kohti ja tiukat on kaarteet.

Syöksymme kohti ale-kylttien merta, paljon tarvitaan vielä,
tää on ainutlaatuinen kerta.

Vieläkö löytyis jotain tarpeellista, mitä ilman ei pärjää,
on se niin surullista, kun reissumme loppu alkaa häämöttää.

Miten se on, tarttisko tota?

Pitäs tehä

Paljon asioita pitäs tehä, raataa ja riehua, pitää lippua pystyssä
ja antaa sen liehua.
Ois vielä rakentamista, uuden ostamista vanhan paikkaamista.

Vanhat pois ja uutta sisään, ei enää lisää, sopivasti silleen
tietäs vaan milleen.

Hommat ei heti lopu mutta onneksi säilyy sopu, jospa tähän tottuu
ennen kuin nää hommat loppuu.

Poroaitaa lisää ettei porot pääse sisään, sillä meillehän ne kuuluu
koko paliskunnan huolet.

Helkutti sentään ei tuu koikkalaiset tänne, loppuu meidän jänne,
kun rillitkin katoaa metsän varvikon vatsaan.

Seilaamaan lähdössä on saunamme rakas, nostaa pitää korkeutta lisää,
korjaamme sen vielä mutta milloin en tiedä.

Pitäs monttua kaivaa, ovia tehdä, aurinko valjastaa, ihmeitä tehdä,
nurmikkoa kiitää myrskyn lailla, koruja tehdä, olla kunnolla aina.

Meidän tuntosarvet sojottaa ylös taivasta kohti,
yksi eteen toinen taakse, kolmas koillista kohti.

Puita pitäs halkoo, nostaa lippu salkoon, mutta salkokin on kumollaan
jäänyt vähän unholaan tuo ruostumaton putki.

Vaimon kanssa yhdessä on tehty vaikka mitä,
autotallia, taloa, hirsiliiteriä ja katosta.

Paskakaivoa kaivettu, peltiä laitettu, taikinaa vaivattu
ja metsää raivattu.

Vaan vielä pitäs ehtii ennen syksyn lehtii, koneita huoltaa
ja runoja suoltaa.

Pikkusen raataa muissakin töissä, kunnossa pyssyy,
ettei mee ihan lyttyyn terve mies ihan turhan tähden.

Nautinnon hetkiä on välissä aina, löysätä pitää, marjoja maistaa,
viiniä juoda ja kävellä suolla.

Vielä rakkautta vähän sydämeen tähän, punaista suuta,
ja lämmintä huulta, en enää pyydä mä muuta.

Meidän aikamme täällä on työtä ja lepoa,

rakkauden tekoja, kukkaketoja.

Vielä vähän on kesken työn täyteinen retki,

tulee vielä se hetki, kun meillä on aikaa nauttia kaikesta tästä,

onnesta, rakkaudesta ja elämästä.

Vuodet on jo vierineet peilistä vanhuus katselee, nuori sellainen,

mut kuitenkin mitä sille sanoisin, tulevalle kertoisin?

Meidän edellä se astelee ja huomista jo oottelee

tuo meidän elämätön elämä.

Mutta vielä vähän pitäs tehä.

Saunarannan Kielo

Kylmä kevättulva kastelee minut,

kun herään hyisen talven horroksesta.

Aurinko lämmittää hentoa varttani,

kesän lempeä tuuli tanssii kanssani.

Minä kasvan ja herään taas uuteen elämään,

peitän rantasi vihreänvalkoiseen mattoon.

Huumava tuoksuni leijuu tuulessa, viipyillen ja vietellen.

Nauti minusta näinä alkukesän ihanina hetkinä,

kun luonto sykkii täyttä elämää.

Kun illat taas pimenee ja hämärän huntu päivänsäteitä pois keräilee,

tulee minun hetkeni hohtaa rakkauden väreissä.

Kauniit kukkani ovat kuihtuneet, mutta marjani saaneet

tuon rakkauden punan.

Olen kukkasi, huumaava Saunarannan Kielo.

Ajatuksia

Kimmeltävien hankien kirkkaus ja tuuli saa veden valumaan silmistäni.

Jalkojen alla on tyhjää, pelottavalta tuntuu höyhenen kevyt hanki.

Itseäni täällä kokoan, elämän irti heittelemistä palasista rakennan.

Nyt jos koskaan minusta tulee minä, se aito ja oikea.

Tuuli vie ja tuli puhdistaa, kuka kaiken uskoo saa nuolet selästään
karistaa.

Mikä on totta mikä sanoja vain, korpit raakkuvat haaskalla saalistajain.

Nautinto herkkää sielua hivelee, voimia antaa taakan kantaa.

Hyvän paistin kanssa Pirun kellaria maistelen,

sen vahvaa makua ihailen, voi näitä nautinnon suloisia hetkiä.

Totuus on toinen puoli, arki harmaata vain, vaan mustaa,

mikä on mustaa.

Auringon pimennys tuo kuvattu kummajainen, pelkoa herättää meidän

heikoissa värisevissä sieluissa.

Herkkiä on helppo johdattaa, mutta kuka kovia auttaa kulkemaan näillä

haurailla teillä.

Niin vahvistuvat hanget, tulee lunta ja tuiskuja, haaroja myöten kahlaan

hangessa silti jalkani tuskin kesäistä maata tavoittaa.

Ajatukset vaeltavat tuulien lailla, ei alkua ei loppua,

vaan pian on kevät ja niin voima palaa minuun.

Kun aurinko taas lopulta nousee se saa hymyn ihmisen kasvoille ja

antaa uutta voimaa elämään.

Tulvat, tuoksut ja lintujen laulu, nämä merkit ovat niin varmat,

näin tämä elämä jatkuu.

Kevään hennon vihreä lehtimatto saa toivon heräämään

ja tuoksu täyttää koko ihmisen.

Taidan räjähtää, niin ihana on tämä kevät.

Kesän lämpö helteineen vie talven rippeet mennessään,

niin sulaa tuo jäinen kylmyys maahan vettä janoavaan.

Keväällä on niin kaunista ja kesä on kuuma,

lämpimässä illassa sääskiparvet saalistaa.

Verenimijöitä kaikkialla ei niiltä kukaan säästy, toiset lentää,

toiset omilla jaloillaan tallustaa.

Mitäpä noista, luojan luomia kaikki tyyni.

Niin tämä elämä jatkuu...

Pian jo elosalamat luovat pimenevään iltaan loistettaan
noilla niin oudoilla äänettömillä valoillaan.
Nuo aaveet taivaan ihmetystä herättää,
miten noin valtavat voimat ovat ääniä vailla?

Nämä ihanat elokuun yöt ovat lämpöä täynnä,
pimeää ja niin liikkumatonta ilmaa.

Syksyn lapsi syksyn tuulia odottaa, tuota ihanaa raikkauden
tunnetta jonka viileät tuulet aikaan saa.

Niin minun mieleni lentää kuin haavan verenpunainen lehti,
kieppuen vailla päämäärää.
Tuo kovissa tuulissa koeteltu jämerä varsi ohjaa peräsimen
lailla sen viimeistä matkaa alas maahan syksyn värikylläiseen.

Niin se elämä jatkuu ja tulee taas se talvi, jonka hankien
kirkkaus saa veden valumaan silmistäni...

Sinulle kukkani

Kukkani kaunis, keinuu tuulessa, nauttii auringosta.

Olet kaunis, niin kovin kaunis.

Kesäinen sade kastelee sinut, tuuli on pehmeä pyyhkeesi.

Nautit vihreästä kesästä, sillä se on lyhyt, niin kovin lyhyt.

Kukkani kaunis olet niin kaunis.

Aurinko valaisee päiväsi, yöllä tähdet valvovat rauhaisaa untasi.

Kun aamun usvassa raotat silmiäsi,

niin aurinko jo hyväilee varttasi säteillään.

Polvistun viereesi ja ihailen sinua.

Olet kaunis niin kovin kaunis.

Kerään rohkeutta koskettaa sinua, puhua sinulle.

Olen hiljaa vierelläsi, aivan hiljaa.

Suutelen sinua, haistelen ihanaa tuoksuasi,

olen huumaantunut sinusta.

Olet kaunis, niin kovin kaunis.

Olet lumonnut minut, sinä ketojen kukka,

jään viereesi hiljaa makaamaan,

nauttimaan sinusta kukkani, rakkaani.

Unien aika

Nyt on hämärän aika ja matkamme alkaa tuohon kiehtovaan
unien maailmaan.
On meillä ajatukset sielu ja mieli, nuo öiset unet ja sekava kieli,
kun unien mailla me matkaamme kohti aamua sarastavaa.
Yön unet kertoo tuon tarinan toisen, saat syvälle mieleesi matkustaa.
Sisällämme asioita, tuhansia tarinoita joita ei sanoiksi pukea saata.
Ajatukset vaan vaeltaa outoja matkojaan, reissujansa tehden
toiseen maailmaan.
Mieli rauhaton katoaa laukalla yöhön,
vaan tyyni paikalleen jää elämään.
Uni vie kaiken mukanaan, saduksi muuttaa, vaihtaa muotoaan
tuo päivän eletty elämä.
Kun tertussa pihlajan riiput lintujen lailla,
saukko vierelläsi unien mailla, mitä se oikein on?
Unien näkyjä, pahoja, hyviä, totta ja valhetta,
tunteita syviä unemme kertoo.
Kaikki joskus on totta ihme kyllä, suuri salaisuus leijuu päittemme yllä,
niin meille unien vartijat kuiskuttaa.
Ne koko päivän ahertaa, kokemukset saalistaa, tuoden ne mukanaan
meidän unien maailmaan.

Nuo unet kertovat hetkistä eletyn elämän, ehkä tulevan myös?

On unet totta kerran, kaksi, se voi olla taakaksi asti

pienen ihmisen mukanaan kuljettaa.

Kun aamu valkenee on aikamme palata tähän hetkeen ja päivään,

elämän pienien ihmeiden äärelle.

Pääosassa päivällä on sielu ja mieli, ajatukset kauniit,

ja puhuva kieli ne sanoiksi pukea saa.

Niin jatkuu nämä retket ja täyttää mielemme hetket,

uuden elämättömän elämän...

Synkkä musta

Tuskaa rinnassa, kyyneleet silmissä, vituttaa kaikki ja ei mikään.

Koita tässä sitten elää kun ajatukset pyörivät samaa kehää.

Silmissä vilkkuu ja jossain perkeleessä musta mies ilkkuu.

Hetken huumaa, aurinkoa kuumaa, tuulta ja merta,

tää onko viimeinen kerta, kanssasi rakkain, kanssasi rakkain.

Paine silmissäni turvottaa luomiani, tätäkö mä haluun,

vain kyyneleet valuu.

Sua katson ja mietin...

Toinen jalkani vain mua pystyyn kampeaa, nousen vaiko kaadun,

tiedä en sitä tiedä en.

Vain tunturin tuuli huutoni kuuli, sylissään tuudittaa kyyneleet kuivaa,

eikä mitään ole vailla, ei mitään vailla.

Miten tästä eteenpäin, mietin taas mielessäin jo sadatta kertaa.

Koita jo yli päästä tästä...

Mutta tuo synkkä muuri estää aurinkoa näkymästä,

ja portit on kiinni, oon kuin vanha viini, kellarissa viileässä,

kellarissa syvimmässä.

Ryhtini taipuu lailla heinän se vaipuu,

kun myrskyisä tuuli hakkaa sitä, lakoon lakoon maan rakoon.

Taipuu se vain ei katkea lain, niin luulen sillä tiedä en kuka mua ohjaa

ja kenet matkallani kohtaan.

Uneni silmin nään kuitenkin vielä, sinisen taivaan ja kultaisen maan,

jossa muurit ei enää estä päivän valoa näkymästä.

Nauravin kasvoin ja sinisin silmin se ottaa mut vastaan,

ja pitää huolta ainoastaan.

Lämmössään sylin, suudelmin hellin, mut tuudittaa unien kultalaan,

missä lämmin on aina eikä huolet paina, sydän levätä saa.

Kun katselen merta, vuorta ja taivasta, ajatukset harhailee

kovassa kivessä, synkässä mustassa.

Keinun aalloilla meren sen tuoksua haistelen ja sineä taivaan

mä käsilläni maalaan, vedoin pitkin ja hellin, ylhäältä alas

taittuen mereen, aaltoillen törmään mustaan kiveen

ja pisaroiksi hajoan...

Soita oi rakas rakkauden laulu jonka pauhu ylittää tuskan,

aukaisee oven ja kaataa muurin tään kylmän kellarin.

Lämpöösi kiedo mut rakkain, oon kylmissäin.

Vie mut pois kauaksi täältä, suojaan elämän myrskyiltä,

suojaisaan laaksoon vuorien juureen, jossa kuulen vain äänesi rakas.

Olet tuuleni ja aurinkoni, lämmitä minut hoida ja helli,

sillä tulen surujen maasta, kylmästä kellarista.

Tuntuu kuin näkisin sinut viimeistä kertaa tällä puolen vuoren,

joka kaiken tuhoaa ja pisaroiksi hajoittaa,

maan kuivan nälkäiseen kitaan.

Raskasta kulkea

Oon kuin hentoinen lehti käsissä roudan, kuin pisara vettä
tämän sateisen päivän.

Sain lämpöni susta oi polttava hohde, poltin sormeni kun olin
lämpösi kohde.

Mitä teen kun niskaan tulee jäätävää lunta, onko katseeni samea
onko kaikki tää unta?

Keväällä sulavat jäiset lehdet, tippuen maahan uusille tilaa tehden.

Paista oi aurinko kehooni mun, sulata mut anna voimasi sun.

Sillä pakko mun vielä on matkaani jatkaa,

vaikka raskas on taakka joka harteita painaa.

Jospa joskus tuon taakkani laskea saan, sillä pian oon liian väsynyt
kulkemaan.

Poista oi lämpöinen selästä tuska, sameus silmistä lumotuista.

Käännä kaikki lämpimäksi kesäksi vielä, oon niin yksin täällä
pimeyden tiellä.

Uni

Jäinen kylmyys, valkoinen lumi,

vaan vielä kylmempi on minun uni.

Jossa vain voittajat soihtunsa saavat,

muille jäävät vain taistelun haavat.

Taas haavoja sydämeen sanat nuo viiltää,

verijälkinä teot nuo selässä siintää.

Ahdistus sydämen alati kasvaa,

miksi nyt elämä on mua vastaan.

Taivu jo maahan sä onneton oksa,

niin pian oot sinä jo maatuva roska.

Myrsky tuo sisältäs juuria kiskoo,

ja tuhannet unelmas tuuleen se viskoo,

soittaen surujen sinfoniaa,

mut unelmat voitko ne unohtaa.

Vaan ehkä pian tulee tuo lempeä tuuli,

ja lämpösi aurinko jonka loppuvan luulin.

Muistot

Kun tunteeton suu kuiskaa rakkauden sanoja.

Kun katkerat teot sammuttaa silmien loisteen,

alkaa sydän itkeä suruaan.

Seisot jyrkänteen harjalla, tunnet yön synkän ja mustan.

Kaadut maahan itkien pois surun ja tuskan.

Koitat katsetta nostaa nähdäksesi huomisen valon,

mutta suru kasvosi vielä maahan painaa.

Kun sitten joskus yli pääset nämä pahimmat hetket

ja eteenpäin katsot uusia suunnitelmia tehden,

tulee vastaan muistoja menneistä hetkistä

jotka repivät auki tuota kipeää haavaa.

Huomisen tuuli menneisyyden kalpeita haamuja ravistaa,

se tarttuu niihin voimallaan, vieden ne mukanaan

menneeseen maailmaan.

On silti joskus raskasta taivaltaa,

mutta nuo pienet ilot elämän mua auttaa jaksamaan.

Tuo vielä tulevaisuus onnen tullessaan.

Timantit on ikuisia

Timantit on ikuisia oransseja Fiatteja,
rautaisia traktoreita pihojemme sankareita.

On kumipyörää, vipua, vartta, peltilaatikkoa koppaa ja kantta.

Lingon kitaan koko maailma mahtuu,
lumi pöllyää ja taival taittuu.

Tanner tömisee ja mummot mörisee,
kaikotessaan kauemmaksi lumen sylkijän suuta.

Moottori pauhaa ja metalli kirskuu,
valot palaa ja sitten ne vilkkuu.

Pitäs rempata sähköjä tähän, öljyt vaihtaa ja tutkia vähän
tätä vanhaa Mussolinin masinaa.

Kauniisti se puksuttaa ja paksun savun tupsuttaa
purevaan pakkasilmaan.

Nöyrästi se työnsä tekee, vetäis peräs vaikka tukkirekee,

jos vain se luvan saisi umpihankeen karauttaa.

Vain Zetoreita tiellä kulkee, joku Fordi , Fiat silmät sulkee,

oottamaan se vielä jää Italian elävää.

Valot sammuu tulee ilta,

pian loppuu Fiatilta uurastus ja uni koittaa.

Poistan lumet harjaan tukan nukkumaan vien Fiat rukan.

Kauniin peiton päälle laitan siivoan ja luukut taitan,

suljen oven, lepäämään jää Fiat rukka yksinään.

Timantit on ikuisia, oransseja Fiatteja.